AF565019

PAPIER
FRESSERCHEN
MTM-VERLAG
DIE BÜCHER MIT DEM DRACHEN

Impressum:

Personen und Handlungen sind frei erfunden.
Ähnlichkeiten mit lebenden oder verstorbenen Personen sind
zufällig und nicht beabsichtigt.

Mit speziellem Dank an die H.B. Jensen GmbH u. Co. KG, Westerland/Sylt

Besuchen Sie uns im Internet:
www.papierfresserchen.de


Mühlstr. 10, 88085 Langenargen
info@papierfresserchen.de

Hardcoverauflage erschienen 2015

Bearbeitung: CAT creativ - www.cat-creativ.at

Cover und Illustrationen: Gerhard Korge

Gedruckt in der EU
978-3-96074-688-1

# Tim und Ose

## Ein Kinderleben nach der Chemotherapie

Veronika Scherf – Text
Gerhard Korge – Illustrationen

**Ose ist acht Jahre alt und fährt jeden Sommer zu ihren Großeltern auf die Insel Sylt.**

**Sie wohnen dort in einem kleinen Fischerort namens Keitum.**

Oses Großvater ist Kapitän und weiß die tollsten Geschichten zu erzählen. Am liebsten hört Ose die Abenteuer von Esimo.

Das ist ein Geist, der im Watt lebt. Bei Sturm und hohem Wellengang rufen ihn die Fischer und er bringt sie heil an Land.

Vielen Menschen hat er schon geholfen. Er zeigt sich ihnen nur bei Vollmond, aber nicht jedem, der ihn um Hilfe bittet.

**Ose spielt gern im Watt. Wenn sie hindurchläuft, sind ihre Füße schwarz und es sieht aus, als hätte sie Stiefel an.**

**Mit den Händen formt sie Kugeln aus Schlick oder baut Kleckerburgen, Tiere und vieles mehr.**

„He, was machst du da?“, spricht ein Junge sie eines Tages an.
Ohne zu gucken, wer da redet, antwortet Ose: „Ich baue eine Burg.“

Dann schaut sie auf und sieht einen Jungen, der keine Haare auf dem Kopf hat. „Komm, bau mit! Ich heiße Ose, und du?“
„Tim“, dringt es kaum hörbar aus seinem Mund.
„Los, mach mit!“

Tim zögert erst, doch dann fängt er an mitzubauen und merkt gar nicht, wie er sich mehr und mehr mit Schlick beschmiert.

Die Burg wird immer größer und schöner.

„Tim, Tim!“, ruft es plötzlich von Weitem.
„Das ist meine Mutter, ich muss jetzt gehen“, sagt Tim erschrocken, da er völlig die Zeit vergessen hat.

Die Mutter kommt näher, schlägt die Hände über dem Kopf zusammen und meint entsetzt: „Wie siehst du denn aus? So können wir doch nicht mit dem Bus zurückfahren. Kein Busfahrer nimmt uns so mit.“

Ose schaut sie an und schlägt vor: „Wir gehen zu uns, mein Großvater duscht uns mit der Gießkanne im Garten ab.“

Tims Mutter schüttelt den Kopf und geht leise vor sich hin schimpfend mit.

**Als sie ankommen, sitzt der Großvater auf einer Bank im Garten vor dem Haus und raucht seine Pfeife.**

**Er lacht, als er die beiden sieht, und weiß sofort Bescheid. Die große Gießkanne muss her.**

Die Kinder stellen sich auf den Rasen und werden vom Großvater abgeduscht. Ose hüpft und springt vor Freude. Tim traut sich nicht so recht, denn seine Mutter schaut immer noch ein bisschen verärgert.
Die Großmutter bringt trockene Sachen für die beiden, geht wieder ins Haus und kommt anschließend mit einem großen Tablett zurück.
„Setzt euch, jetzt gibt es erst einmal Kakao und Kuchen“, sagt sie.

Tim sieht sehr glücklich aus. Das bemerkt seine Mutter und auch sie kann sich nun freuen. Nachdem sie gegessen und getrunken haben, erklärt sie: „Wir müssen in die Klinik nach Westerland zurück! Tim wird dort nachbehandelt. Er hatte Krebs. Von der Chemotherapie sind seine Haare ausgegangen.“
Ose fragt Tim, ob er morgen wiederkommt.
„Oh ja, sehr gerne!“ Tim strahlt und schaut seine Mutter an.
Diese nickt. „Wir müssen doch die geliehenen Sachen zurückbringen.“

Von nun an spielen Ose und Tim jeden Tag zusammen, mal treffen sie sich in Keitum am Watt und mal in Westerland am Strand. Die beiden werden richtig dicke Freunde.

Eines Tages wartet Ose am Watt auf Tim, doch er taucht nicht auf.
Sie läuft zu ihrem Großvater und ruft: „Großvater, Tim ist nicht gekommen!“
Der Großvater tröstet sie und meint: „Morgen fahren wir in die Klinik und sehen, was los ist.“

Am nächsten Tag fahren sie tatsächlich zur Klinik und gehen in Tims Zimmer. Er liegt in seinem Bett, starrt an die Decke und sagt kein Wort. Die Mutter weint. „Ich weiß nicht, was ich tun soll. Kann ihm denn niemand helfen? Der Arzt hat gesagt, dass Tim mithelfen muss, um ganz gesund zu werden.“
Ose spricht ihren Freund an: „Was ist mit dir, warum spielst du nicht mit mir?“
„Ich werde sowieso nie wieder gesund. Geh weg!“, schreit er und dreht ihnen zornig den Rücken zu.

Traurig verlässt Ose das Zimmer und fährt mit ihrem Großvater zurück nach Keitum. „Was können wir nur tun, damit Tim gesund wird und wieder lacht?“, seufzt sie mit einem dicken Fragezeichen in ihren Augen. Sie will so gerne wieder mit Tim spielen.
Der Großvater zuckt mit den Schultern. „Ja, was können wir tun?“
„Du weißt doch sonst immer alles“, sagt Ose ein wenig wütend.
„Manchmal weiß ich auch nicht weiter. Es tut mir leid, Ose“, antwortet der Großvater verständnisvoll.

An diesem Abend spricht Ose kein Wort mehr. Sie will nichts essen, sondern nur noch in ihr Zimmer gehen. Ose hockt am Fenster und schaut den Mond an. Er ist ganz rund und strahlt. „Du kannst strahlen, aber Tim liegt im Bett und ist sehr krank“, schleudert sie dem Mond entgegen.

Während sie ihn wütend anstarrt, laufen ihr Tränen über das Gesicht. Da ertönt plötzlich ein Geräusch. „Woher kommt das? Ist das eine Stimme, wer spricht da?“, überlegt Ose verwirrt. Sie lauscht angestrengt. Es scheint beinahe so, als würde der Mond sprechen! Ose stutzt.
„Esimo, Esimo!“, schallt es.
„Das ist doch der Geist aus dem Watt, von dem Großvater mir so viel erzählt hat und der den Menschen hilft, wenn sie ihn rufen!“, fällt es Ose wie Schuppen von den Augen. Sie schleicht aus ihrem Zimmer und geht zum Watt. Dort ruft sie leise: „Esimo, Esimo!“ Nichts rührt sich, alles bleibt still. Nun ruft sie lauter: „Esimo, Esimo!“

Ose setzt sich in den Sand, stützt ihren Kopf mit den Händen ab, schaut aufs Watt und wartet. Doch es tut sich nichts. Sie will gerade wieder gehen, da schießt etwas wie ein Pfeil aus dem Wasser. Erschrocken hält sich Ose die Hände vors Gesicht. Vor ihr steht eine große Gestalt, die sagt: „Ich bin Esimo, was willst du von mir?“ Ose nimmt die Hände vom Gesicht.
Esimo ist tatsächlich gekommen! Sofort erzählt sie ihm von Tim. Der Wattgeist hört schweigend zu und verschwindet genauso plötzlich, wie er erschienen ist. Enttäuscht setzt sich Ose wieder in den Sand.
„Auch der weiß nichts“, denkt sie niedergeschlagen und stützt wieder ihren Kopf mit den Händen ab. Etwas bewegt sich im Watt. Esimo kommt mit einem kleinen Säckchen in der Hand zurück und ruft ihr zu: „Hier, nimm! In dem Säckchen ist Lachpulver. Rühr es in ein Getränk und gib es Tim!“ Der Wattgeist legt das Säckchen in den Sand und verschwindet. Ose nimmt es und macht sich auf den Weg nach Hause. Die Großeltern schlafen, sie schleicht leise und unbemerkt in ihr Zimmer.

Am nächsten Morgen läuft sie in die Küche und sagt: „Großvater, ich will zu Tim!“
„Gut, wir fahren hin“, antwortet er, „aber erst wird gefrühstückt!“

Ose weiß, dass ihr Großvater nicht nachgeben wird, also setzt sie sich an den Frühstückstisch und isst ein bisschen. Vor Ungeduld wippt sie auf dem Stuhl hin und her.
„Großmutter, mach mir bitte Kakao in eine Flasche. Tim trinkt ihn doch so gerne!“, bittet sie.

Anschließend nimmt Ose die Flasche und einen Löffel, geht in ihr Zimmer, holt das Säckchen mit dem Lachpulver hervor und rührt einen Löffel voll in den Kakao.

Der Großvater fährt mit Ose in die Klinik.
Tim liegt unverändert in seinem Bett.
Ose gibt ihm die Flasche, doch er stößt sie weg.
„Es ist Kakao, trink einen Schluck, bitte!“, sagt Ose.

Tim nimmt ihr zuliebe einen Schluck.
Und noch einen und noch einen.

Nach einer Weile grinst er ein wenig, dann strahlt er und auf einmal fängt er laut an zu lachen. Er lacht und lacht und lacht, er muss sich sogar den Bauch halten.

Ose, der Großvater und die Mutter werden von Tims Freude angesteckt und müssen mitlachen.

**Das hören die Schwestern, die anderen Kinder in der Klinik und auch die Ärzte. Sie alle kommen, drängeln sich in Tims Zimmer und lachen so laut mit, dass die Wände wackeln, es sieht beinahe so aus, als würden diese ebenfalls in das Gelächter mit einfallen.**

**Nachdem sich alle wieder beruhigt haben, springt Tim aus dem Bett.**
**„Komm, Ose, ich möchte im Watt spielen!“**
**„Ich auch“, ruft ein kleiner Junge und auf einmal schreien alle Kinder durcheinander: „Ich auch, ich auch, ich auch ...“**

**Bis ein Arzt mit seiner tiefen Stimme donnert: „Ruhe!“**
**Die Kinder schauen ihn verwirrt an.**
**Er fährt fort: „Passt auf, Kinder! Wir bestellen einen Bus und dann fahren wir alle ans Watt.“ Die Kinder sind außer sich vor Freude.**

**„Halt!“, ruft der Großvater dazwischen. „Alle Kinder sollen Ersatzsachen mitnehmen!“**

**Ose, Tim und seine Mutter wissen den Grund für diese Worte und müssen schmunzeln.**

HA HAHA

Dann geht die Fahrt los.
Alle sind gespannt.
Es ist wahnsinnig aufregend.

Am Strand angekommen, rennen Ose und Tim ins Watt. Sie sinken bis zu den Knöcheln ein, nehmen mit ihren Händen den Schlick und tragen ihn zum Strand. Dort lassen sie ihn runterkleckern.

Die anderen Kinder sehen es, schauen zwei-, dreimal zu, dann machen sie mit.

Ein Junge ruft: „Das wird die größte Burg, die jemals gebaut wurde!“
Tim stimmt zu: „Ja, die aller...allergrößte!“

ZUM STRAND

Die Kinder bauen und bauen, bis die Burg ihnen bis zu den Schultern reicht. Alle sehen aus wie Moorgeister, von oben bis unten mit Schlick beschmiert.

Nun wandern die kleinen Moorgeister mit Ose durch das Dorf bis in den Garten der Großeltern, denn der Schlick muss abgespült werden, auch wenn einige Kinder das gar nicht wollen.

Im Garten steht eine Wanne, die das Regenwasser auffängt. Die Sonne erwärmt es am Tag. Der Großvater nimmt die Gießkanne, füllt sie mit dem Regenwasser und spült ein Kind nach dem anderen ab. Manche müssen ziemlich fest rubbeln, da der Schlick bereits angetrocknet ist.

Als sie endlich sauber sind, setzen sich die Kinder ins Gras. Die Großmutter bringt Kuchen und Kakao. Als sie den Kakao trinken, gibt es ein großes Gelächter, obwohl dieses Mal kein Lachpulver darin ist.

Schließlich erscheint die Busfahrerin, um die Kinder wieder abzuholen. Auch sie trinkt einen Schluck Kakao und lacht mit. Dann geht es zurück.

So eine lustige Kindergruppe hat sie noch nie gefahren.

Ose und Tim treffen sich jeden Tag, bis die Ferien zu Ende sind.

Am letzten Ferientag darf Tim bei Ose übernachten. Der Mond scheint in das Zimmer. Tim schläft schon fast. Ose stößt ihn an und sagt: „Komm, wir schleichen uns aus dem Haus!“
„Wo willst du hin?“, fragt Tim.
„Frag nicht, komm!“, flüstert Ose.

Ohne Widerspruch folgt Tim seiner Freundin. Sie führt ihn ans Watt. Der Mond lächelt und haucht ihnen einen Kuss zu. Plötzlich ruft Ose einen Namen. Tim versteht gar nichts. Sie ruft ein paarmal: „Esimo, Esimo!“

Dann ist alles still ... bis sich im Watt etwas bewegt. Tim hat Angst, rührt sich aber nicht von der Stelle. Eine Gestalt wie ein Geist kommt aus dem Watt.
Ose scheint den Geist jedoch zu kennen, denn sie freut sich und bedankt sich bei ihm für das Lachpulver. Tim steht mit offenem Mund da.

Seine Augen werden immer größer. Er bringt kein Wort heraus. Esimo lacht und verschwindet. Danach erzählt Ose Tim, warum sie den Wattgeist gerufen hat.

Die beiden Freunde umarmen sich und gehen glücklich zurück.

**Am nächsten Morgen schaut Tim beim Zähneputzen in den Spiegel.**
**Was ist das?**
**„Wie ein Igel“, denkt er, „sehe ich aus.“**

**Sein Kopf ist voller kurzer Haare!**

**Er läuft zu Ose ins Zimmer. „Schau mal, meine Haare sind wieder da!“**
**„Das ist ja toll!“, freut sich seine Freundin mit ihm.**

**Für Ose sind die Ferien nun zu Ende. Tim bleibt noch eine Woche.**
**Doch im November ist Ose zu Tims achtem Geburtstag eingeladen.**

**Außerdem wollen die beiden die nächsten Sommerferien wieder zusammen in Keitum verbringen.**

Die Autorin:
Veronika Maria Scherf wurde in Neubrandenburg geboren und zog 1981 mit ihrer Familie nach Detmold. Sie absolvierte eine Ausbildung zur Bibliotheksassistentin und anschließend ein Studium im Bereich der Erwachsenenbildung, wodurch sie inspiriert wurde, sich als Tanzpädagogin und Tanztherapeutin weiterzuqualifizieren.

Ein halbes Jahr arbeitete sie auf der Insel Sylt und war mit den Kindern öfter am Watt. So entstand die Geschichte um den Wattgeist. Seit einigen Jahren ist sie freiberuflich an mehreren Grundschulen tätig und erarbeitet gemeinsam mit den Kindern Tanztheaterstücke, die auf der Bühne präsentiert werden.

Printed in Poland
by Amazon Fulfillment
Poland Sp. z o.o., Wrocław

20894070R00022